Novena de
Nossa Senhora Aparecida

Frei Danillo Marques da Silva

Novena de Nossa Senhora Aparecida

Petrópolis

© 2000, Editora Vozes Ltda.
Rua Frei Luís, 100
25689-900 Petrópolis, RJ
Internet: http://www.vozes.com.br

6ª edição, 2009

Nihil Obstat
Petrópolis, 1º de junho de 2000
Mons. Gilberto Ferreira de Souza
Vigário-Geral

Imprimatur
Petrópolis, 2 de junho de 2000
† José Carlos de Lima Vaz, S.J.
Bispo Diocesano

Editoração e org. literária: Otaviano M. Cunha

ISBN 978-85-326-2379-9

Editado conforme o novo acordo ortográfico.

Este livro foi composto e impresso pela Editora Vozes Ltda.

Introdução

O culto a N.S. Aparecida tem a sua aprovação passada na Vila do Carmo, MG (hoje Mariana), com data de 5-5-1743, assinada por D. Fr. João da Cruz, bispo do Rio de Janeiro, presente ali em *visita pastoral*. Portanto, há mais de 250 anos!

A pesca da imagem, no Rio Paraíba, se deu entre os dias 17 e 30 de outubro de 1717, quando passava por Guaratinguetá, SP, o Conde de Assumar, procedente de São Paulo, rumo a Minas Gerais. O Cap. mor, Domingos A. Fialho, que governava a vila, convocou os pescadores para apanharem grandes peixes para o ilustre visitante. Os pescadores Domingos M. Garcia, João Alves e Filipe Pedroso, já cansados de lançar inutilmente as redes, ao chegarem ao Porto de Itaguassu foram surpreendidos com a pesca de uma imagem de Nossa Senhora, de 36 cm, mas sem a cabeça. Lançando mais uma vez a rede, pescaram a cabeça que colaram ao corpo com cera. E, oh maravilha! A pesca foi tão abundante que encheu a canoa.

O fato foi muito comentado e todos os vizinhos passaram a frequentar a casa de Filipe Pedroso para rezarem juntos à Senhora Aparecida. Atanásio Pedroso, que herdou a imagem do pai, construiu um pequeno oratório para acolher os devotos que aumentavam sempre mais, até que o pároco de Guaratinguetá resolveu construir uma capela maior no Morro dos Coqueiros, inaugurada a 26-07-1745. Passando por várias reformas e acréscimos, veio a tornar-se uma artística igreja de duas torres, inaugurada em 24-06-1888.

Em 1893 passou a ser paróquia, tornando-se mais tarde a Basílica Menor. No dia 08-09-1904, com grandes festividades, a imagem da Senhora Aparecida foi coroada solenemente como Padroeira do Brasil. No mesmo dia 08-09, mas de 1954, foi renovada a bênção da pedra fundamental da igreja nova, que já tinha sido lançada em 1946, sem, no entanto, serem iniciadas as obras. 26 anos mais tarde, o Papa João Paulo II, em 04-07-1980, consagrava a igreja já concluída, com o título de Basílica Menor.

Em 1967, o Papa Paulo VI enviou à Senhora Aparecida a Rosa de Ouro, concedida raramente, ao comemorar os 250 anos do encontro da imagem. Os primeiros peregrinos costumavam cantar todo o terço e a ladainha diante da imagem milagrosa, costume que durou muitos anos. Inúmeros são os fatos inexplicáveis ocorridos e atribuídos a N.S. Aparecida. Vamos, portanto, também nós, implorar da Virgem Mãe Aparecida suas graças e bênçãos, não só para nós, mas também para todo o povo brasileiro.

Para todos os dias, inclusive o canto

– Deus, vinde em meu auxílio.
– *Senhor, socorrei-me sem demora.*
– Glória ao Pai e ao Filho e ao Espírito Santo.
– *Como era no princípio, agora e sempre. Amém.*
(Canto à escolha.)

Primeiro dia

Reflexão

"Então o Senhor Deus disse à serpente [...]: Porei inimizades entre ti e a mulher, entre a tua descendência e a dela. Esta te ferirá a cabeça, e tu lhe ferirás o calcanhar" (Gn 3,14-15).

Esta passagem do Gênesis é conhecida como "protoevangelho", ou seja, o primeiro anúncio de salvação feito ao homem, vencido pelo mal. De fato, Deus, para quem não existe passado nem futuro, mas o eterno presente, via o homem (Adão) vencido pelo mal, mas já via também o Descendente (Jesus) da mulher (Maria) que venceria o mal (a serpente) pela sua Paixão, Morte e Ressurreição. Esta inimizade posta por Deus entre Eva, a serpente e seus respectivos descendentes, é a luta constante que haveria entre o *bem* e o *mal*, nos corações dos homens, como consequência do pecado original. Surge então a Mulher Imaculada que pisa sobre a serpente, cuja cabeça é esmagada por seu Divino Filho. Esta ideia é muito bem representada pela imagem da Imaculada Conceição franciscana, que representa

Maria com o Menino Jesus nos braços e pisando sobre a serpente, mas quem esmaga a cabeça da serpente é a comprida lança que o Menino Jesus traz na mão.

Agradeçamos ao Pai que, em virtude da previsão da Morte de Jesus, concedeu a Maria o privilégio da Imaculada Conceição, a fim de tornar-se Mãe de Deus, para redenção de todos nós. E peçamos à Virgem Imaculada que sempre nos preserve de todo o mal, para sermos cristãos autênticos, dando o testemunho de Cristo pela vivência cristã, em todos os ambientes em que atuamos.

Oração

Ó Senhora da Conceição Aparecida, eis que venho a vossos pés, a fim de agradecer-vos todas as graças que já concedestes a vossos inúmeros fiéis desde que fostes encontrada no Rio Paraíba e, movido pela vossa graça, me prostro a vossos pés para pedir-vos a graça... (mencionar a graça desejada), se for conforme à vontade de Deus, em quem confio plenamente. Como Mãe de Deus que sois, intercedei por mim e por todos os que confiam em vós!

(Rezar 3 Ave-Marias, implorando a graça desejada.)

E para mais vos obrigar, vos saudamos com São Francisco de Assis: "Santa Virgem Maria, não há mulher nascida no mundo semelhante a vós, filha e serva do altíssimo Rei e Pai celestial, Mãe de nosso santíssimo Senhor Jesus Cristo, esposa do Espírito Santo: rogai por nós com São Miguel Arcanjo e todas as Virtudes do céu e todos os santos junto a vosso santíssimo e dileto Filho, nosso Senhor e Mestre".

"Bendigamos ao Senhor Deus vivo e verdadeiro. Rendamos-lhe louvor, glória, honra, bênção e todos os bens. Amém. Amém! Assim seja. Assim seja!"
(Terminar com a Ladainha de N. Senhora e canto à escolha, no final do livrinho.)

Segundo dia

(Iniciar como no primeiro dia.)

Reflexão

"Entrando, o anjo disse a Maria: Ave, cheia de graça, o Senhor é contigo" (Lc 1,28).

Quando Gabriel disse a Maria estas palavras, era como se dissesse: "Ave, Imaculada!"

Mas, não Imaculada apenas no sentido negativo, isto é, sem o pecado original. Mas no sentido positivo, a saber: repleta do Espírito Santo, plena de Deus, tabernáculo da Santíssima Trindade. Por isso, disse o anjo que ela era "cheia de graça", comportando em si todo esse cabedal de privilégios dos quais era ela a única possuidora. Tudo isto era a Virgem de Nazaré nos desígnios de Deus. Muito mais do que Eva antes do pecado, que também possuía a graça, mas não da mesma maneira nem na mesma proporção em que a possuía Maria, Filha predileta de Deus Pai, candidata a Mãe de Deus Filho, e Esposa muito amada de Deus Espírito Santo. Por isto também ela canta no seu *Magnificat*: "Minha alma engrandece o Senhor e exulta meu espírito em Deus, meu Salvador... Desde agora todas as gerações me chamarão bem-aventurada" (Lc 1,47-48). Exultemos também nós, em Deus nosso Salvador, com a Virgem Mãe Imaculada, agradecendo ao Pai todos os privilégios concedidos à Mãe de Deus e nossa!

Oração

"Ó Deus, que preparastes uma digna habitação para o vosso Filho pela Imaculada Conceição da Virgem Maria, preservando-a de todo pecado em previsão dos méritos de Cristo, concedei-nos chegar até vós purificados também de toda culpa por sua materna intercessão. Por N.S. Jesus Cristo, vosso Filho, na unidade do Espírito Santo." (Oração da missa de 8 de dezembro, Solenidade da Imaculada Conceição.)

(Rezar 3 Ave-Marias, implorando a graça desejada.)

E para mais vos obrigar vos saudamos com São Bernardo: "Salve Rainha, Mãe de misericórdia, vida, doçura e esperança nossa, salve! A vós bradamos, os degredados filhos de Eva, a vós suspiramos, gemendo e chorando neste vale de lágrimas. Eia, pois, Advogada nossa, estes vossos olhos misericordiosos a nós volvei, e depois deste desterro, mostrai-nos Jesus, bendito fruto do vosso ventre, ó clemente, ó piedosa, ó doce sempre Virgem Maria!"

(Terminar com a Ladainha de N. Senhora e canto à escolha, no final do livrinho.)

Terceiro dia
(Iniciar como no primeiro dia.)

Reflexão

"Então disse Maria [ao anjo]: Eis aqui a serva do Senhor, faça-se em mim segundo a tua palavra" (Lc 1,38).

É notável que a Imaculada, a Filha predileta de Deus Pai, a Mãe incomparável de Deus Filho e a Esposa muito amada de

Deus Espírito Santo se considere "serva". E quando canta o *Magnificat* não diz que o Senhor olhou para a sua Imaculada Conceição ou para qualquer um dos seus muitos privilégios, mas "olhou para a humildade de sua serva". É evidente que ela considerava a humildade como a pedra fundamental de todas as virtudes, mesmo das virtudes teologais – Fé, Esperança e Caridade – que, sem a humildade deixam de ser virtudes. Procuremos também nós ter em grande apreço esta virtude, reconhecendo que, por nós mesmos, só temos a concupiscência, misérias, más inclinações e pecados. Só com esta convicção profundamente arraigada no coração poderemos atrair graças e bênçãos de Deus Pai, por meio de seu divino Filho, e por intercessão da Imaculada Virgem Aparecida.

Oração

Ó Deus, que olhastes com prazer para a grande humildade da Virgem ao receber em seu seio virginal o vosso Filho feito homem para a nossa salvação, e a cumulastes ainda mais de graças e bênçãos, concedei-nos reconhecer sinceramente incapazes de qualquer bem sem o vosso auxílio e a ajuda da Virgem humilde por excelência. Pelo mesmo Jesus Cristo, vosso Filho, na unidade do Espírito Santo, por todos os séculos dos séculos. Amém.

(Rezar 3 Ave-Marias, implorando a graça desejada.)

E para mais vos obrigar, vos dizemos com São Bernardo: "Lembrai-vos, ó piíssima Virgem Maria, que nunca se ouviu dizer que alguém tivesse recorrido à vossa proteção, implorado a vossa assistência e reclamado o vosso socorro e fosse por vós desamparado. Animado eu, pois, com igual confiança, a vós, ó Virgem entre todas singular, como à minha Mãe recorro, de vós me valho, e gemendo sob o peso de meus pecados, me prostro a vossos pés. Não desprezeis as minhas súplicas, ó Mãe do Verbo de Deus humanado, mas dignai-vos de as ouvir propícia e de me alcançar o que vos rogo. Amém".

(Terminar com a Ladainha de N. Senhora e canto à escolha, no final do livrinho.)

Quarto dia

(Iniciar como no primeiro dia.)

Reflexão

"E o Verbo se fez carne e habitou entre nós, e nós vimos a sua glória...." (Jo 1,14).

Quem é este Verbo que se fez carne? Gabriel explica: "Eis que conceberás e darás à luz um filho, e lhe porás o nome de Jesus. Ele será grande e chamar-se-á Filho do Altíssimo, e o Senhor Deus lhe dará o trono de seu pai Davi; e reinará eternamente na casa de Jacó. E seu reino não terá fim. [...] Por isso, o ente santo que nascer de ti será chamado Filho de Deus" (Lc 1,31-33.35). Jesus, portanto, é o "Deus conosco" para sempre e podemos entrar em comunhão com Ele durante todos os dias da nossa vida. Oh, graça inestimável e incompreensível que a Imaculada nos trouxe com a sua fé e a sua humildade! Jamais poderemos agradecê-la suficientemente! Façamos, portanto, todo o esforço possível para que possamos vivenciar esta graça em nós e transmiti-la aos irmãos pela nossa vivência de fé e de piedade, pois só assim poderemos demonstrar ao Pai, ao Filho e ao Espírito Santo, bem como à Imaculada Mãe de Deus, a nossa gratidão e o nosso amor.

Oração

"Ó Deus, que pela virgindade fecunda de Maria destes à humanidade a salvação eterna, dai-nos contar sempre com a sua intercessão, pois ela nos trouxe o Autor da Vida, Jesus Cristo, vosso Filho e nosso Senhor, que convosco vive e reina na unidade do Espírito Santo, por todos os séculos dos séculos. Amém." (Oração da missa do dia 1º de janeiro, Solenidade de Maria Mãe de Deus.)

(Rezar 3 Ave-Marias, implorando a graça desejada.)

E para mais vos obrigar, rezamos com a Liturgia das Horas: "Ó Mãe do Redentor, do céu ó porta, / ao povo que caiu, socorre e exorta, / pois busca levantar-se, Virgem pura, / nascendo o Criador da criatura: / tem piedade de nós e ouve, suave, / o Anjo te saudando com seu Ave!"

(Terminar com a Ladainha de N. Senhora e canto à escolha, no final do livrinho.)

Quinto dia

(Iniciar como no primeiro dia.)

Reflexão

"Bendita és tu entre as mulheres, e bendito é o fruto do teu ventre. Donde me vem a dita de que me venha visitar a Mãe do meu Senhor?" (Lc 1,42-43).

Lá foi Maria, mais uma vez, como a Serva do Senhor, prestar serviços à prima Isabel, já avançada em anos, durante três meses, até o nascimento do Batista. Foi a primeira vez que foi chamada de Mãe de Deus (Mãe do meu Senhor). Foi também a primeira vez que pôde falar do grande segredo que a prima ficou sabendo por meio do Espírito Santo. Então pôde extravasar toda a sua alegria, toda a sua gratidão e todo o seu entusiasmo pela salvação da humanidade. Todavia, o seu *cântico de gratidão* não tem a mínima sombra de vaidade ou presunção, mas apenas exultação em Deus. "A minha alma engrandece o Senhor e exulta meu espírito em Deus, meu Salvador. [...] O Poderoso fez em mim maravilhas. [...] Manifestou o poder do seu braço [...] e exaltou os humildes..." (Lc 1,46-47;49.51-52). Quão sublimes não deveriam ser os colóquios divinos entre as duas mulheres agraciadas por Deus! Daqui podemos aprender da Serva do Senhor a prática da verdadeira caridade desinteressada, que pensa mais no próximo do que em si mesma.

Oração

"Ó Deus Todo-Poderoso, que inspirastes à Virgem Maria sua visita a Isabel, levando no seio o vosso Filho, fazei-nos dóceis ao Espírito Santo na prática da caridade desinteressada, para cantar com ela o vosso louvor. Por Nosso Senhor Jesus Cristo, vosso Filho, na unidade do Espírito Santo." (Oração da missa do dia 31 de maio, Festa da Visitação de N. Senhora à sua prima Santa Isabel.)

(Rezar 3 Ave-Marias, implorando a graça desejada.)

E para mais vos obrigar, vos saudamos com a Liturgia das Horas: "Ave, Rainha do céu; / Ave, dos anjos Senhora; / Ave, raiz, Ave, porta; / da luz do mundo és aurora. / Exulta, ó Virgem tão bela. / As outras seguem-te após; / nós te saudamos: adeus! / E pede a Cristo por nós! / Virgem Mãe, ó Maria!"

(Terminar com a Ladainha de N. Senhora e canto à escolha, no final do livrinho.)

Sexto dia

(Iniciar como no primeiro dia.)

Reflexão

"Foram [os pastores] com grande pressa e acharam Maria e José, e o Menino deitado na manjedoura" (Lc 2,16) "porque não havia lugar para eles na hospedaria" (Lc 2,7). "Veio para o que era seu, mas os seus não o receberam" (Jo 1,11).

Estas passagens dos Evangelhos deixam-nos entrever como o nascimento de Jesus, para Maria, se deu num misto de tristeza profunda e de alegria inefável. Tristeza por não acharem um lugar digno do Rei do Céu, que deve repousar no meio de animais; alegria, pela presença dos anjos com seus cânticos, dos humildes pastores com suas homenagens tão simples, e dos reis magos com seus presentes e sua adoração.

Estes pormenores comoviam São Francisco de Assis até às lágrimas e deveriam comover também a nós quando neles meditamos. Peçamos a Maria que nos alcance a graça de muito amor e ternura quando adoramos o Menino Deus deitado no presépio. Supliquemos-lhe ainda que retire da manjedoura seu adorável Filho e o coloque em nosso coração, para ali o adorarmos com toda fé, com todo amor e com todo carinho!

Oração

"Ó Deus, que admiravelmente criastes o homem e mais admiravelmente restabelecestes a sua dignidade, dai-nos participar da divindade do vosso Filho, que se dignou assumir a nossa humanidade no seio puríssimo da Virgem Maria. Por Nosso Senhor Jesus Cristo, vosso Filho, na unidade do Espírito Santo". (Oração da terceira missa do Dia de Natal.)

(Rezar 3 Ave-Marias, implorando a graça desejada.)

E para mais vos obrigar vos pedimos com a Liturgia das Horas: "À vossa proteção, recorremos santa Mãe de Deus; não desprezeis as nossas súplicas em nossas necessidades, mas livrai-nos sempre de todos os perigos, ó Virgem gloriosa e bendita".

(Terminar com a Ladainha de N. Senhora e canto à escolha, no final do livrinho.)

Sétimo dia

(Iniciar como no primeiro dia.)

Reflexão

"E uma espada de dor transpassará a tua alma..." (Lc 2,35).

Nossa Senhora das Dores! É uma devoção muito grata ao povo brasileiro. Consideremos como a Virgem Maria, transbordante de alegria, vai ao templo oferecer ao Pai o que de mais precioso o mundo poderia possuir, isto é, seu divino Filho, igual ao Pai. E o que recebe em troca? A mais dolorosa das profecias: "Uma espada de dor transpassará a tua alma!" Aqui podemos considerar como os sofrimentos em nossa vida não são um verdadeiro mal, pois se o fossem, o Deus de amor não os teria permitido na Imaculada, nem no seu divino Filho. Deus não quer o sofrimento para seus filhos, mas quer dar a eles a oportunidade de oferecer-lhe algo que custe alguma coisa, para poder conceder-lhes bens maiores. Por isso, aprendamos com a Virgem Imaculada a aceitar os sofrimentos em espírito de fé, a fim de conseguirmos copiosas bênçãos e graças do Pai que não quer os nossos sofrimentos, mas os permite para conceder-nos bens maiores, que só Ele sabe quais são.

Oração

"Interceda por nós ante a vossa clemência, Senhor Jesus Cristo, agora e na hora da nossa morte, a Bem-aventurada Virgem Maria, vossa Mãe, cuja sacratíssima alma traspassou uma espada de dor na hora da vossa paixão. Por vós mesmo, Salvador do mundo, que viveis e reinais por todos os séculos dos séculos. Amém." (De uma oração do antigo Missal.)

(Rezar 3 Ave-Marias, implorando a graça desejada.)

E para mais vos obrigar, vos saudamos com São Boaventura: "Ave Maria, cheia de dores, o Crucificado é convosco, aflita sois vós entre as mulheres e doloroso é o fruto do vosso ventre, Jesus. Santa Maria, Mãe do Deus Crucificado, dai-nos lágrimas, a nós que o crucificamos, agora e na hora da nossa morte. Amém".

(Terminar com a Ladainha de N. Senhora e canto à escolha, no final do livrinho.)

Oitavo dia
(Iniciar como no primeiro dia.)

Reflexão

"Por que me procuráveis? Não sabíeis que me devo ocupar com as coisas de meu Pai?" (Lc 2,49).

Mais uma vez a Virgem Mãe tem que suportar uma grande dor: a perda do divino Filho por três dias! E desta vez, a dor é tão grande que ela deixa escapar uma queixa: "Filho, por que fizeste assim conosco? Eis que teu pai e eu te procurávamos aflitos!"(Lc 2,48). A resposta de Jesus foi uma lição para Maria, que nunca mais perguntou "por quê?", em nenhuma circunstância, nem mesmo ao pé da cruz. E mais uma vez aprendamos de Maria, a Virgem Dolorosa, a perfeita conformidade com os desígnios de Deus a nosso respeito, convencidos de que, como dizia o jornalista francês Léon Bloy: "Tudo o que nos acontece é digno de adoração", pois vem da providência divina. Que a Virgem da Conceição Aparecida nos conceda uma fé tão vivenciada e profunda que, nas nossas provações, nunca indaguemos: Por que isto? Por que aquilo? Mas aceitemos com toda a conformidade os desígnios de Deus a nosso respeito. Esta atitude nos dará uma tranquilidade tão grande que nas maiores provações seremos confortados pelo Pai do céu e pela Virgem Imaculada.

Oração

"Ó Deus, que na vossa insondável providência associais a Igreja à paixão do vosso Filho, dai aos fiéis que sofrem tribulações e angústias, o espírito de paciência e caridade, para que sejam autênticas testemunhas dos bens eternos que prometestes. Por Nosso Senhor Jesus Cristo, vosso Filho, na unidade do Espírito Santo. Amém. (Oração por várias necessidades, n. 15 do Missal Romano, adaptada.)

(Rezar 3 Ave-Marias, implorando a graça desejada.)

E para mais vos obrigar, rezemos com a Liturgia: "Senhor nosso Deus, concedei-nos sempre saúde de alma e corpo, e fazei que, por intercessão da Virgem Maria, libertos das tristezas presentes, gozemos as alegrias eternas. Por nosso Senhor Jesus Cristo, vosso Filho, na unidade do Espírito Santo. Amém". (Da Missa de N. Senhora aos sábados.)

(Terminar com a Ladainha de N. Senhora e canto à escolha, no final do livrinho.)

Nono dia

(Iniciar como no primeiro dia.)

Reflexão

"Fazei tudo o que Ele vos disser" (Jo 2,5).

Os santos Evangelhos nos conservaram pouquíssimas palavras de Maria. No mais, ela aparece sempre silenciosa. Nada diz no presépio a José, aos pastores nem aos reis magos. Nada diz na fuga para o Egito. Nada diz em Nazaré em todos os 30 anos da vida oculta de Jesus. Nada diz durante a vida pública, a não ser nas bodas de Caná, a fim de ajudar os noivos no seu vexame com a falta de vinho. Todavia, isto não quer dizer que ela nunca tivesse falado, pois era uma pessoa normal como as outras. As palavras acima são as últimas pronunciadas por Maria, que João conservou para nosso ensinamento. São palavras dirigidas aos servos dos noivos e que tiveram como consequência o primeiro milagre de Jesus, transformando a água no melhor vinho. Estas palavras, porém, devem ressoar a nossos ouvidos durante todo o dia, pois são um convite permanente para que cumpramos minuciosamente a vontade de Deus em todos os nossos afazeres, seguindo as inspirações do Espírito Santo.

Oração

Ó Maria, tão humilde e silenciosa durante todos os dias de vossa vida terrestre, ensinando-nos assim que "no muito falar não faltará pecado", ajudai-nos sempre a moderar a nossa língua, para que não firamos jamais o próximo com o nosso falar, nem deixemos escapar alguma palavra de queixa contra os desígnios de Deus a nosso respeito. Isto pedi ao Pai por nós em nome de Jesus Cristo, na unidade do Espírito Santo. Amém.

(Rezar 3 Ave-Marias, implorando a graça desejada.)

E para mais vos obrigar, vos saudamos: Santa Maria, Rainha dos céus, Mãe de Nosso Senhor Jesus Cristo, Senhora do mundo, que a nenhum pecador desamparais nem desprezais: ponde, Senhora, em mim, os olhos de vossa piedade, e alcançai-me de vosso amado Filho o perdão de todos os meus pecados, para que eu, que agora venero com devoção a Imaculada Conceição Aparecida, mereça, na outra vida, alcançar o prêmio da bem-aventurança por mercê de vosso santíssimo Filho, Jesus Cristo, Nosso Senhor, que com o Pai e o Espírito Santo vive e reina pelos séculos dos séculos. Amém. (Oração adaptada do Ofício Parvo da Imaculada Conceição.)

(Terminar com a Ladainha de N. Senhora e canto à escolha, nas páginas seguintes.)

Apêndice

Ladainha de Nossa Senhora

Dirig.: Senhor, tende piedade de nós!
Todos: *Senhor, tende piedade de nós!*
Cristo, tende piedade de nós!
Cristo, tende piedade de nós!
Senhor, tende piedade de nós!
Senhor, tende piedade de nós!
Jesus Cristo, ouvi-nos!
Jesus Cristo, atendei-nos!
Deus, Pai dos céus,
Tende piedade de nós!
Deus Filho, redentor do mundo,
Tende piedade de nós!
Deus Espírito Santo,
Tende piedade de nós!
Santíssima Trindade, que sois um só Deus,
Tende piedade de nós!

Santa Maria, *Rogai por nós!*
Santa Mãe de Deus...
Santa Virgem das virgens...
Mãe de Jesus Cristo...
Mãe da Igreja...
Mãe da divina graça...
Mãe puríssima...
Mãe castíssima...
Mãe inviolada...
Mãe intemerata...
Mãe amável...
Mãe admirável...

Mãe do bom conselho...
Mãe do Criador...
Mãe do Salvador...
Virgem prudentíssima...
Virgem venerável...
Virgem louvável...
Virgem poderosa...
Virgem clemente...
Virgem fiel...
Espelho de justiça...
Sede da sabedoria...
Causa de nossa alegria...
Vaso espiritual...
Vaso honorífico...
Vaso insigne de devoção...
Rosa mística...
Torre de Davi...
Torre de marfim...
Casa de ouro...
Arca da Aliança...
Porta do céu...
Estrela da manhã...
Saúde dos enfermos...
Refúgio dos pecadores...
Consoladora dos aflitos...
Auxílio dos cristãos...
Rainha dos anjos...
Rainha dos patriarcas...
Rainha dos profetas...
Rainha dos apóstolos...
Rainha dos mártires...
Rainha dos confessores...
Rainha das virgens...
Rainha de todos os santos...

Rainha concebida sem pecado original...
Rainha assunta aos céus...
Rainha do sacratíssimo rosário...
Rainha da paz...

Cordeiro de Deus que tirais o pecado do mundo,
Perdoai-nos, Senhor!
Cordeiro de Deus que tirais o pecado do mundo,
Ouvi-nos, Senhor!
Cordeiro de Deus que tirais o pecado do mundo,
Tende piedade de nós!

Rogai por nós, Santa Mãe de Deus.
Para que sejamos dignos das promessas de Cristo.

Oremos – Infundi, Senhor, como vos pedimos, a vossa graça em nossas almas, para que, conhecendo pela anunciação do anjo a encarnação do vosso Filho, por sua paixão e morte na cruz, sejamos conduzidos à glória da ressurreição. Pelo mesmo Cristo, nosso Senhor. *Amém.*

Cânticos

Virgem Mãe Aparecida

Virgem Mãe Aparecida,
estendei o vosso olhar
sobre o chão de nossa vida,
sobre nós e o nosso lar.

Virgem Mãe Aparecida,
nossa vida e nossa luz:
dai-nos sempre nesta vida
paz e amor ao bom Jesus.

Estendei os vossos braços,
que trazeis no peito em cruz,
para nos guiar os passos
para o reino de Jesus.

Desta vida nos extremos
trazei paz, trazei perdão,
a nós, Mãe, que vos trazemos
com amor no coração.

Dai-nos a bênção

Dai-nos a bênção, ó Mãe querida,
Nossa Senhora Aparecida. (bis)

Sob este manto do azul do céu,
guardai-nos sempre no amor de Deus. (bis)

Eu me consagro a vosso amor,
ó Mãe querida do Salvador. (bis)

Graças vos damos, Senhora

Graças vos damos, Senhora,
Virgem por Deus escolhida
para Mãe do Redentor,
ó Senhora Aparecida.

Louvemos sempre a Maria,
Mãe de Deus, autor da vida.
Louvemos com alegria
a Senhora Aparecida.

Como rosa entre os espinhos,
de graças enriquecida,
sempre foi pura e sem mancha
a Senhora Aparecida.

Se quisermos ser felizes,
nesta e na outra vida,
sejamos sempre devotos
da Senhora Aparecida.

E na hora derradeira,
ao sairmos desta vida,
implorai a Deus por nós,
Virgem Mãe Aparecida.

Eia, povo devoto, a caminho

Eia, povo devoto, a caminho,
sob a vista bondosa de Deus!
Vamos todos levar nosso preito
à bendita Rainha dos céus!

Salve, ó Virgem, Mãe piedosa,
salve estrela formosa do mar,
Santa Mãe Aparecida,
sobre nós lançai o olhar! (bis)

Lindas flores lancemos, contentes,
sobre a fronte da Mãe de Jesus,
para que ela nos mostre o caminho,
que à paragem celeste conduz

Nossa vida será mais tranquila,
toda cheia de flores e luz,

se nós formos buscar doce abrigo
sob o manto da Mãe de Jesus!

Com minha mãe estarei

Com minha Mãe estarei,
na santa glória, um dia.
Ao lado de Maria,
no céu triunfarei!

No céu, no céu,
com minha Mãe estarei! (bis)

Com minha Mãe estarei,
em seu coração terno.
Em seu colo materno,
sem fim descansarei!

Viva a Mãe de Deus e nossa

Viva a Mãe de Deus e nossa,
sem pecado concebida!
Salve, Virgem Imaculada!
Ó Senhora Aparecida!

Aqui estão vossos devotos,
cheios de fé incendida,
de conforto e de esperança,
ó Senhora Aparecida!

Virgem Santa, Virgem bela,
Mãe amável, Mãe querida,
amparai-nos socorrei-nos,
ó Senhora Aparecida!

Protegei a Santa Igreja,
Mãe terna e compadecida.
Protegei a nossa pátria,
ó Senhora Aparecida!

Oh! Velai por nossos lares,
pela infância desvalida,
pelo povo brasileiro,
ó Senhora Aparecida!

Imaculada

Imaculada, Maria de Deus,
coração pobre acolhendo Jesus.
Imaculada, Maria do povo,
Mãe dos aflitos que estão junto à cruz!

Um coração que era "sim" para a vida,
um coração que era "sim" para o irmão,
um coração que era "sim" para Deus:
Reino de Deus renovando este chão.

Olhos abertos pra sede do povo,
passo bem firme que o medo desterra,
mãos estendidas que os tronos renegam:
Reino de Deus que renova esta terra!

Faça-se, ó Pai, vossa plena vontade,
que os nossos passos se tornem memória
do amor fiel que Maria gerou:
Reino de Deus atuando na história!

Ó Maria, concebida

Ó Maria, concebida
sem pecado original,
quero amar-vos toda a vida,
com ternura filial.

Vosso olhar a nós volvei,
vossos filhos protegei!
Ó Maria, ó Maria,
vossos filhos protegei!

Mais que aurora, sois formosa,
mais que o sol resplandeceis!
Do universo, Mãe bondosa,
o louvor vós mereceis!

Magnificat

O Senhor fez em mim maravilhas.
Santo é seu nome.

A minha alma engrandece ao Senhor,
e exulta meu espírito em Deus, meu Salvador!
Pôs os olhos na humildade de sua serva:
doravante toda a terra cantará os meus louvores.

O Senhor fez em mim maravilhas,
Santo é seu nome.

Seu amor para sempre se estende
sobre aqueles que o temem.
Demostrando o poder de seu braço,
dispersa os soberbos.

Abate os poderosos de seus tronos,
e eleva os humildes.
Sacia de bens os famintos,
despede os ricos sem nada.

Acolhe Israel seu servidor,
fiel a seu amor.
E à promessa que fez a nossos pais,
em favor de Abraão e de seus filhos para sempre.

Glória ao Pai e ao Filho e ao Santo Espírito,
desde agora e para sempre, pelos séculos. Amém.

CULTURAL

Administração
Antropologia
Biografias
Comunicação
Dinâmicas e Jogos
Ecologia e Meio-Ambiente
Educação e Pedagogia
Filosofia
História
Letras e Literatura
Obras de referência
Política
Psicologia
Saúde e Nutrição
Serviço Social e Trabalho
Sociologia

CATEQUÉTICO PASTORAL

Catequese
Geral
Crisma
Primeira Eucaristia

Pastoral
Geral
Sacramental
Familiar
Social
Ensino Religioso Escolar

TEOLÓGICO ESPIRITUAL

Biografias
Devocionários
Espiritualidade e Mística
Espiritualidade Mariana
Franciscanismo
Autoconhecimento
Liturgia
Obras de referência
Sagrada Escritura e Livros Apócrifos

Teologia
Bíblica
Histórica
Prática
Sistemática

REVISTAS

Concilium
Estudos Bíblicos
Grande Sinal
REB (Revista Eclesiástica Brasileira)
RIBLA (Revista de Interpretação Bíblica Latino-Americana)
SEDOC (Serviço de Documentação)

VOZES NOBILIS

O novo segmento de publicações da Editora Vozes.

PRODUTOS SAZONAIS

Folhinha do Sagrado Coração de Jesus
Calendário de Mesa do Sagrado Coração de Jesus
Almanaque Santo Antônio
Agendinha
Diário Vozes
Meditações para o dia-a-dia
Guia do Dizimista

CADASTRE-SE
www.vozes.com.br

EDITORA VOZES LTDA.
Rua Frei Luís, 100 – Centro – Cep 25.689-900 – Petrópolis, RJ – Tel.: (24) 2233-9000 – Fax: (24) 2231-4676 – E-mail: vendas@vozes.com.br

UNIDADES NO BRASIL: Aparecida, SP – Belo Horizonte, MG – Boa Vista, RR – Brasília, DF – Campinas, SP – Campos dos Goytacazes, RJ – Cuiabá, MT – Curitiba, PR – Florianópolis, SC – Fortaleza, CE – Goiânia, GO – Juiz de Fora, MG – Londrina, PR – Manaus, AM – Natal, RN – Petrópolis, RJ – Porto Alegre, RS – Recife, PE – Rio de Janeiro, RJ – Salvador, BA – São Luís, MA – São Paulo, SP
UNIDADE NO EXTERIOR: Lisboa – Portugal